GRAFISK FORLAG *Kopenhagen*

TAMMI *Helsinki*

GYLDENDAL NORSK FORLAG *Oslo*

ERNST KLETT VERLAG *Stuttgart*

ESSELTE STUDIUM *Stockholm*

WOLTERS/NOORDHOFF *Groningen*

EDIZIONI SCOLASTICHE MONDADORI *Mailand*

JOHN MURRAY *London*

STEFAN ZWEIG

NOVELLEN

GEKÜRZT UND VEREINFACHT
FÜR SCHULE UND SELBSTSTUDIUM

Diese Ausgabe, deren Wortschatz nur die ge-
bräuchlichsten deutschen Wörter umfaßt,
wurde gekürzt und vereinfacht und ist damit
den Ansprüchen des Deutschlernenden auf
einer frühen Stufe angepaßt.

Oehler: Grundwortschatz Deutsch (Ernst
Klett Verlag) wurde als Leitfaden benutzt.

HERAUSGEBER

Stefan Freund	*Dänemark*
Eva Raam-Inghult	*Schweden*
Bengt Ahlgren	*Norwegen*
Ferdinand van Ingen	*Holland*
Derek Green	*Großbritannien*

Umschlag: Ib Jørgensen
Illustrationen: Oskar Jørgensen

ISBN Dänemark 87 429 7720 7

Gedruckt in Dänemark von Grafisk Institut A·S, Kopenhagen
MCMLXXIII

STEFAN ZWEIG
(1881-1942)

Der in Wien geborene Dichter war stark von
Sigmund Freud beeinflußt. In seinen Novel-
len hat er psychoanalytische Untersuchungen
an Menschen angestellt, deren Leben, Gedanken und innere Entwicklung von geheim-
nisvollen und unbewußten Kräften getrieben
werden. Als Essayist schrieb Stefan Zweig
Abhandlungen über deutsche und europä-
ische Dichter, sowie biographische Darstellun-
gen über berühmte Persönlichkeiten der Geschichte. Ergreifend tritt uns das Leben und
die Tragik des Juden, Europäers, Pazifisten
und Humanisten Stefan Zweig entgegen in
seinem Erinnerungsbuch *Die Welt von gestern*
(1946), das nur kurze Zeit vor seinem Selbst-
mord in der Emigration in Südamerika ent-
stand.

ANDERE WERKE DES AUTORS

Gedichte: *Silberne Saiten* 1909.

Dramen: *Tersites* 1907. *Jeremias* 1917.

Prosa: *Drei Meister* 1920. *Amok* 1922. *Der Kampf
mit dem Dämon* 1925. *Verwirrung der Gefühle*
1926. *Sternstunden der Menschheit* 1928. *Drei
Dichter ihres Lebens* 1928. *Marie Antoinette* 1932.
Triumph und Tragik des Erasmus von Rotterdam
1934. *Maria Stuart* 1935. *Begegnungen mit Menschen, Büchern, Städten* 1937. *Amerigo* 1942.
Schachnovelle 1943. *Ungeduld des Herzens* 1945.

INHALT

Episode am Genfer See

das Floß

der Balken

Am Ufer des Genfer Sees, nahe des kleinen Schweizer Ortes Villeneuve, sah in einer Sommernacht im Jahre 1918 ein Fischer, der mit seinem Boot auf den See hinausgefahren war, einen merkwürdigen Gegenstand mitten auf dem Wasser. Als er näher kam, erkannte er

das Netz

das Ruder

ein *Floß,* das ein *nackter* Mann mit einem Brett fort-
bewegte, das er als *Ruder* gebrauchte. Staunend er-
reichte der Fischer das Floß, half dem Mann, der am
Ende seiner Kräfte war, in sein Boot, bedeckte ihn
mit *Netzen* und versuchte dann, mit dem Menschen
zu sprechen, der vor Kälte zitterte und sich ängst-

---

nackt, ohne Kleidung

lich in eine Ecke des Bootes drückte. Der Mann aber antwortete in einer fremden Sprache, die der Fischer nicht verstand. Bald gab der Helfer jede weitere Mühe auf und ruderte mit raschen Schlägen dem Ufer zu.

Als im frühen Licht das Ufer aufglänzte, begann auch das Gesicht des nackten Menschen heller zu werden; ein kindliches Lachen kam aus seinem breiten Mund, der von einem *buschigen Bart* umwachsen war. Die eine Hand hob er zeigend hinüber, und immer wieder fragend und halb schon gewiß, *stammelte* er ein Wort, das wie „Rossiya" klang und sich immer glücklicher anhörte, je näher das Boot dem Ufer kam. Endlich setzte das Boot mit einem lauten Geräusch am Strand auf; die Frauen der Fischerfamilie, die ruhig auf nassen Fang warteten, rannten laut schreiend auseinander, als sie den nackten Mann im Fischernetz sahen. Erst nach und nach, von der merkwürdigen Nachricht angezogen, sammelten sich verschiedene Männer des Dorfes, zu denen sofort der Amtsdiener hinzukam, der sich sogleich mit der Sache beschäftigte. Ihm war es aus mancher Erfahrung und den vielen Dingen, die er in der Kriegszeit gelernt hatte, gleich klar, daß dies ein *Deserteur* sein müsse, der vom französischen Ufer herübergeschwommen war, und schon machte er sich bereit zu einer amtlichen Befragung. Aber dieser *umständliche* Versuch verlor sehr bald an Respekt und Wert, weil der nackte Mensch (dem inzwischen einige eine Jacke und eine Hose

---

stammeln, nicht richtig sprechen können
der Deserteur, ein Soldat, der sich von seiner Armee unerlaubt entfernt hat
umständlich, langsam

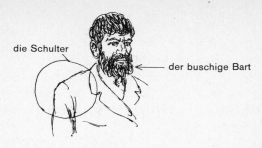

die Schulter

der buschige Bart

zugeworfen hatten) auf alle Fragen nichts als immer ängstlicher und unsicherer seinen fragenden Ausruf „Rossiya? Rossiya?" wiederholte. Ein wenig ärgerlich, daß er keinen Erfolg hatte, befahl der Amtsdiener dem Fremden, ihm zu folgen. Laut umschrien von der inzwischen erwachten Dorfjugend wurde der nasse, nacktbeinige Mensch in seiner viel zu weiten Hose und Jacke auf das Amtshaus gebracht und dort unter Kontrolle gestellt. Er tat nichts dagegen, sprach kein Wort, nur seine hellen Augen waren dunkel geworden, weil er unzufrieden war, und er zog seine hohen *Schultern* ein, als ob er Schläge fürchtete.

Die Nachricht vom menschlichen Fischfang war inzwischen bis zu dem nahen Hotel gekommen, und einige Damen und Herren, die froh waren über ein unterhaltsames Ereignis in der *Langeweile* des Tages, kamen herüber, um den wilden Menschen zu betrachten. Eine Dame schenkte ihm Schokolade, die er *mißtrauisch* liegen ließ; ein Herr machte eine photographische Aufnahme, alle *schwatzten* und sprachen lustig um ihn herum, bis endlich der Direktor eines großen Gasthofes, der lange in fremden Ländern gelebt hatte und mehrere Sprachen konnte, den schon ganz ängstlich

die Langeweile, ereignisloser Zustand
mißtrauisch, kein Vertrauen haben
schwatzen, viel und nichts Wichtiges reden

gewordenen Menschen auf deutsch, italienisch, englisch und schließlich auf russisch ansprach. Kaum hatte er das erste Wort seiner Muttersprache gehört, begann er zu lachen, fühlte sich plötzlich sicher und frei und erzählte seine ganze Geschichte. Sie war sehr lang und sehr unklar. Auch der *Dolmetscher* verstand viele Dinge nicht. Doch hatte der Mann ungefähr das folgende erlebt:

Er hatte in Rußland gekämpft, war dann eines Tages mit tausend anderen in Eisenbahnwagen gesteckt worden und sehr weit gefahren, dann auf Schiffe gebracht und noch länger mit ihnen gefahren durch Gegenden, wo es so heiß war, daß sie, wie er sich ausdrückte, weichgebraten wurden. Schließlich kamen sie irgendwo an und wurden wieder mit der Eisenbahn gefahren und mußten dann mit einemmal einen kleinen Berg stürmen, worüber er nichts Genaues wußte, weil ihn gleich am Anfang eine Kugel ins Bein getroffen habe. Den Zuhörern, denen der Dolmetscher Rede und Antwort übersetzte, war sofort klar, daß dieser Mensch Soldat jener russischen Division in Frankreich war, die man über die halbe Erde, über Sibirien und Wladiwostock in das französische Kampfgebiet geschickt hatte. Nun wurden die Leute neugierig und fragten ihn, warum er wohl zu fliehen versuchte. Mit halb freundlichem, halb klugem Lächeln erzählte der Russe, daß er, gerade gesund geworden, die Leute gefragt habe, wo Rußland sei. Sie haben ihm die Richtung gezeigt, die er sich durch die Stellung der Sonne und der Sterne ungefähr gemerkt hatte. So sei er unbemerkt geflohen. Nachts wanderte er, und am Tage versteckte

---

der Dolmetscher, jemand, der fremde Sprachen übersetzt

der Heuschober

er sich in *Heuschobern*. Er habe Obst und Brot gegessen, das er von fremden Menschen bekam. Nach zehn Tagen kam er endlich an diesen See. Nun wurden seine Erklärungen undeutlicher. Es schien, daß der Mann, der aus der Nähe des Baikalsees kam, geglaubt hatte, am anderen Ufer müsse Rußland liegen. Er hatte zwei *Balken* gefunden und war auf ihnen mit Hilfe eines Brettes, das er als Ruder gebrauchte, weit in den See hinausgekommen, wo ihn der Fischer fand. Er beendete seine Erzählung mit der Frage, ob er morgen schon zu Hause sein könne, und alle lachten darüber. Aber schließlich tat ihnen der Mann leid, und jeder gab dem Fremden etwas Geld.

Inzwischen war aus Montreux ein höherer Polizeioffizier gekommen, der mit großer Mühe einen Bericht über das Ereignis machte. Es zeigte sich nämlich nicht nur, daß der Dolmetscher schlecht war, sondern auch, daß der fremde Mann kaum mehr wußte als seinen eigenen Vornamen Boris. Von seiner Heimat konnte er nur sagen, daß sie *Leibeigene* des Fürsten Metschersky seien, (er sagte Leibeigene, trotzdem es die doch seit langem nicht mehr gab) und daß er ungefähr 50 km vom großen See mit seiner Frau und seinen drei Kindern wohne. Nun begann man gemeinsam darüber nachzu-

---

der Balken, siehe Zeichnung auf Seite 10
der Leibeigene, ein nicht persönlich freier Mensch

denken, was mit ihm geschehen sollte, während er mit hängendem Kopf und eingezogenen Schultern mitten unter den *streitenden* Menschen stand: die einen meinten, man müsse ihn in die russische *Gesandtschaft* bringen, die anderen hatten Angst, daß er dann nach Frankreich zurückgeschickt würde. Für den Polizisten drehte sich die ganze Sache nur um die Frage, ob er den Mann als Deserteur oder als *Ausländer* ohne Papiere behandeln sollte. Der Amtsdiener des Ortes sagte, daß man auf keinen Fall gerade hier für den Fremden zu sorgen hätte. Ein Franzose schrie laut, man solle nicht so lange über den dummen Menschen reden. Er solle arbeiten oder zurückgeschickt werden. Zwei Frauen widersprachen heftig, er sei nicht schuld an seinem Unglück, es sei unmenschlich, jemanden aus seiner Heimat in ein fremdes Land zu verschicken. Der Streit begann immer schlimmer zu werden, als plötzlich ein alter Herr, ein Däne, mit lauter Stimme die Sache beendete, indem er sagte, er bezahle den *Unterhalt* dieses Menschen für acht Tage, und inzwischen sollten sich die staatlichen Stellen und die Gesandtschaft mit der Frage beschäftigen. Eine unerwartete Lösung, mit der alle zufrieden waren.

Während der immer heftiger werdenden Diskussion hing der Blick des *Flüchtlings* ständig an den Lippen des Direktors, dem einzigen innerhalb dieser lebhaften Menge, von dem er wußte, daß er ihm in

---

streiten, verschiedener Meinung sein
die Gesandtschaft, Vertretung eines Staates in einem fremden Land
der Ausländer, jemand aus einem fremden Land
der Unterhalt, die zum Leben notwendigen Dinge
der Flüchtling, jemand, der flieht

seiner Sprache sagen konnte, was mit ihm geschehen sollte. Undeutlich schien er die Unruhe zu fühlen, die er hervorrief, und ganz wie von selbst hob er, als jetzt der Lärm leiser wurde, beide Hände bittend gegen ihn auf, wie Frauen vor einem religiösen Bild.

Alle waren ergriffen von dieser Bewegung. Der Hoteldirektor trat herzlich auf ihn zu und sagte ihm, daß er keine Angst zu haben brauchte, er könne ungestört hier bleiben. Im Gasthof würde man die nächste Zeit für ihn sorgen. Der Russe wollte ihm die Hände küssen, die ihm der andere rasch entzog. Dann zeigte er ihm noch das Nachbarhaus, ein kleines Dorfgasthaus, wo er Bett und Essen finden würde. Er sprach nochmals zu ihm einige herzliche Worte, um ihn zu *beruhigen* und ging dann, indem er noch einmal freundlich winkte, die Straße zu seinem Hotel hinauf.

Unbeweglich blickte der Flüchtling ihm nach und genauso schnell, wie der einzige, der seine Sprache verstand, wegging, verdunkelte sich wieder sein schon erhelltes Gesicht. Mit seinen Blicken folgte er dem Direktor bis hinauf zu dem hochgelegenen Hotel, ohne auf die anderen Menschen zu achten, die über ihn staunten und ihn belachten. Dann führte ihn einer zum Gasthof. Mit gebeugtem Kopf trat er in die Tür. Man öffnete ihm das Gastzimmer. Er drückte sich an den Tisch, auf den die *Magd* zum Gruß ein Glas Branntwein stellte, und blieb dort traurig und unbeweglich den ganzen Vormittag sitzen. Unaufhörlich sahen vom Fenster die Dorfkinder herein, lachten und schrien ihm etwas zu - er hob den Kopf nicht. Leute, die hereinkamen, betrachteten ihn neugierig, er blieb, den Blick auf den Tisch gerichtet, mit krummem Rücken sitzen, *bang* und ängstlich. Und als mittags zur Essenszeit eine Menge Leute den Raum mit Lachen füllte, hundert Worte um ihn herum waren, die er nicht verstand, und er sich klar wurde, wie fremd er sich fühlte, wurden seine Hände so unruhig, daß er kaum den Löffel aus der Suppe heben konnte. Plötzlich lief ihm eine dicke Träne über das Gesicht und fiel schwer auf

---

beruhigen, zur Ruhe bringen
die Magd, das Dienstmädchen
bang, ängstlich

den Tisch. Er sah sich um. Die anderen hatten sie
bemerkt und schwiegen mit einemmal. Und er wurde
unsicher: immer tiefer sank sein schwerer, ungepflegter
Kopf gegen das schwarze Holz.

Bis gegen Abend blieb er so sitzen. Menschen gingen
und kamen, er fühlte sie nicht und sie nicht mehr ihn:
ein Stück Schatten, saß er im Schatten des Ofens, die
Hände schwer auf dem Tisch. Alle vergaßen ihn, und

die Mütze

keiner achtete darauf, daß er sich in dem Halbdunkel plötzlich erhob und den Weg zum Hotel hinaufging. Eine Stunde und zwei stand er dort vor der Tür, die *Mütze* in der Hand, ohne jemanden anzusehen. Endlich fiel die merkwürdige Gestalt, die unbeweglich und schwarz wie ein Baumstamm vor dem lichterfüllten Eingang des Hotels stand, einem Laufjungen auf, und er holte den Direktor. Wieder stieg eine kleine Helligkeit in dem dunklen Gesicht auf, als seine Sprache ihn grüßte. „Was willst du, Boris?" fragte der Direktor freundlich.

„Ihr wollt verzeihen", stammelte der Flüchtling, „ich wollte nur wissen...ob ich nach Hause darf."

„Gewiß, Boris, du darfst nach Hause", lächelte der Gefragte.

„Morgen schon?"

Nun wurde auch der andere ernst. Das Lächeln verflog auf seinem Gesicht, so *eindringlich* waren die Worte gesagt.

„Nein, Boris ... jetzt noch nicht. Bis der Krieg vorbei ist."

„Und wann? Wann ist der Krieg vorbei?"

„Das weiß Gott. Wir Menschen wissen es nicht."

„Und früher? Kann ich nicht früher gehen?"

„Nein Boris."

„Ist es so weit?"

---

eindringlich, nachdrücklich

20

„Ja."

„Viele Tage noch?"

„Viele Tage."

„Ich werde doch gehen, Herr! Ich bin stark. Ich werde nicht müde."

„Aber du kannst nicht, Boris. Es ist noch eine Grenze dazwischen."

„Eine Grenze?" Er blickte verständnislos vor sich hin. Das Wort war ihm fremd. Dann sagte er wieder, sich von seiner Meinung nicht abbringen lassend: „Ich werde hinüberschwimmen."

Der Direktor lächelte beinahe. Aber es tat ihm doch weh, und er erklärte mild: „Nein, Boris, das geht nicht. Eine Grenze, das ist fremdes Land. Die Menschen lassen dich nicht durch."

„Aber ich tue ihnen doch nichts! Ich habe meine Waffen weggeworfen. Warum sollen sie mich nicht zu meiner Frau lassen, wenn ich sie bitte um Christi willen?"

Der Direktor wurde immer ernster. Bitterkeit stieg in ihm auf. „Nein", sagte er, „sie werden dich nicht hinüberlassen, Boris. Die Menschen hören jetzt nicht mehr auf Christi Wort."

„Aber was soll ich tun, Herr? Ich kann doch nicht bleiben! Die Menschen verstehen mich hier nicht, und ich verstehe sie nicht."

„Du wirst es schon lernen, Boris."

„Nein, Herr", tief senkte der Russe den Kopf, „ich kann nichts lernen. Ich kann nur auf dem Feld arbeiten, sonst kann ich nichts. Was soll ich hier tun? Ich will nach Hause! Zeig mir den Weg!"

„Es gibt keinen Weg, Boris."

„Aber, Herr, sie können mir doch nicht verbieten,

21

zu meiner Frau zurückzukommen und zu meinen Kindern! Ich bin doch nicht mehr Soldat!"

„Sie können es, Boris."

„Und der *Zar*?" Er fragte ganz plötzlich.

„Es gibt keinen Zaren mehr, Boris. Die Menschen haben ihn abgesetzt."

„Es gibt keinen Zaren mehr?" Dunkel sah er den anderen an. Ein letztes Licht verschwand aus seinen Blicken, dann sagte er ganz müde: „Ich kann also nicht nach Hause?"

„Jetzt noch nicht. Du mußt warten, Boris."

„Lange?"

„Ich weiß nicht."

„Ich habe schon so lange gewartet! Ich kann nicht mehr warten. Zeige mir den Weg! Ich will es versuchen!"

„Es gibt keinen Weg, Boris. An der Grenze nehmen sie dich fest. Bleib hier, wir werden dir Arbeit finden!"

„Die Menschen verstehen mich hier nicht, und ich verstehe sie nicht", wiederholte er eigensinnig.

„Ich kann hier nicht leben! Hilf mir, Herr!"

„Ich kann nicht, Boris."

„Hilf mir um Christi willen, Herr! Hilf mir, ich halte es nicht mehr aus!"

„Ich kann nicht, Boris. Kein Mensch kann jetzt dem anderen helfen."

Sie standen einander gegenüber, ohne zu sprechen. Boris drehte die Mütze in den Händen. „Warum haben sie mich dann aus dem Haus geholt? Sie sagten, ich müsse für Rußland kämpfen und den Zaren. Aber Rußland ist doch weit von hier, und du sagst, sie haben den Zaren...wie sagst du?"

---

der Zar, der Kaiser Rußlands

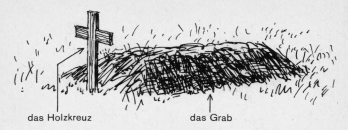

das Holzkreuz   das Grab

„Abgesetzt."

„Abgesetzt." Ohne es verstanden zu haben, wiederholte er das Wort.

„Was soll ich jetzt tun, Herr? Ich muß nach Hause!
Meine Kinder schreien nach mir. Ich kann hier nicht
leben! Hilf mir, Herr! Hilf mir!"

„Ich kann nicht, Boris."

„Und kann mir niemand helfen?"

„Jetzt niemand."

Der Russe senkte immer tiefer das Haupt, dann sagte
er plötzlich dunkel: „Ich danke dir, Herr" und wandte
sich um.

Ganz langsam ging er den Weg hinunter. Der Direktor
sah ihm lange nach und wunderte sich noch, daß er
nicht in Richtung des Gasthofes ging, sondern die
Stufen hinab zum See. Er holte einmal tief Luft und
ging wieder an seine Arbeit im Hotel.

Ein *Zufall* wollte es, daß derselbe Fischer am nächsten
Morgen Boris tot auffand. Er hatte die geschenkte Hose,
Mütze und Jacke fein säuberlich an das Ufer gelegt
und war ins Wasser gegangen, wie er aus ihm gekommen war. Man schrieb einen Bericht über das Ereignis
und, da man den Namen des Fremden nicht kannte,
wurde ein billiges *Holzkreuz* auf sein *Grab* gestellt, eines

---

der Zufall, das unerwartete Ereignis

24

jener kleinen Kreuze, mit denen jetzt unser Europa
bedeckt ist von einem bis zum anderen Ende.

Fragen

1. Wo war Boris zu Hause?

2. Wie kam Boris an den Genfer See?

3. Welche Menschen begegneten dem Fremden dort?

4. Warum war Boris in Frankreich?

5. Wohin brachte der Amtsdiener Boris?

6. Wer konnte Boris' Sprache sprechen?

7. Wer bezahlte seinen Unterhalt?

8. Warum wollte Boris nicht am Genfer See bleiben?

9. Warum konnte Boris nicht nach Rußland zurück-kehren?

10. Warum starb Boris?

Die unsichtbare Sammlung

EINE EPISODE AUS DER DEUTSCHEN INFLATION

Zwei Stationen hinter *Dresden* stieg ein älterer Herr in unser Abteil, grüßte höflich und *nickte* mir dann zu wie einem guten Bekannten. Ich konnte mich im ersten Augenblick nicht erinnern, ihn früher gesehen zu haben. Kaum nannte er dann aber seinen Namen, erinnerte ich mich sofort: es war einer der angesehensten *Kunstantiquare* Berlins, bei dem ich in Friedenszeit öfters

---

Dresden, Stadt in Sachsen (DDR)
nicken, den Kopf auf und ab bewegen
der Kunstantiquar, jemand, der mit alten Kunstgegenständen handelt

alte Bücher und Briefe angeschaut und gekauft habe. Wir unterhielten uns zunächst über gleichgültige Dinge. Plötzlich sagte er:

»Ich muß Ihnen doch erzählen, woher ich gerade komme. Denn dieses Ereignis ist so ziemlich das Sonderbarste, das ich alter Kunsthändler in den siebenunddreißig Jahren meiner Arbeit erlebt habe. Sie wissen wahrscheinlich selbst, wie es im Kunsthandel jetzt zugeht, seit der Wert des Geldes wie Gas verfliegt: die neuen Reichen kaufen plötzlich alte Vasen, Bücher und Bilder. Man kann ihnen gar nicht genug herbeischaffen, ja schützen muß man sich sogar, daß einem nicht Haus und Zimmer vollständig leergemacht wird. Am liebsten kauften sie einem noch den *Manschettenknopf* vom *Ärmel* weg und die Lampen vom Schreibtisch. Da wird es nun immer schwieriger, stets neue Dinge herbeizuschaffen. Gegen diese plötzlich übergroße Kauflust bin ich machtlos. Und so war ich plötzlich wieder einmal ganz ausverkauft und hätte am liebsten den Laden zugemacht, als ich in unserem alten Geschäft, das schon mein Vater vom Großvater übernommen

der Manschettenknopf

der Ärmel

der Karren

hatte, nur noch wertlose Dinge herumstehen sah, die sich früher kein Straßen*trödler* auf den *Karren* gelegt hätte.

In dieser Not kam ich auf den Gedanken, unsere alten Geschäftsbücher durchzusehen, um frühere *Kunden* zu finden, von denen ich vielleicht wieder etwas zurückkaufen könnte. Eine solche alte Kundenliste sagt nicht viel, besonders in der jetzigen Zeit: die meisten früheren Kunden hatten längst ihren Besitz verkauft oder waren gestorben, und von den wenigen anderen war nichts zu erhoffen. Aber da fand ich plötzlich eine ganze Menge Briefe von unserem wohl ältesten Kunden. Ich hatte deswegen nicht mehr an ihn gedacht, weil er seit Beginn des Weltkrieges, seit 1914, nie mehr mit irgendeiner Bestellung oder Anfrage zu uns gekommen war. Die Briefe reichten – wahrhaftig nicht übertrieben! - fast sechzig Jahre zurück. Er hatte schon von meinem Vater und Großvater gekauft. Dennoch konnte ich mich nicht erinnern, daß er in den siebenunddreißig Jahren meiner persönlichen Arbeit jemals unser Geschäft betreten hätte. Es sah aus, als ob er ein sonderbarer, altmodischer und eigenartiger Mensch gewesen sein muß, wie sie noch in kleinen Provinzstädten hier und da zu finden sind. Seine Schriftstücke waren schön und säuberlich geschrieben, die Summen waren rot

---

der Trödler, jemand, der mit wertlosen, alten Sachen handelt
der Kunde, jemand, der etwas kauft

unterstrichen, auch wiederholte er immer zweimal die Zahlen, damit nichts falsch verstanden werden könnte: dies und daß er billiges Papier und billige *Brief-umschläge* benutzte, ließ die Sparsamkeit dieses Mannes erkennen. Unterschrieben waren diese sonderbaren Dokumente außer mit seinem Namen stets noch mit dem langen Titel: *Forst-* und *Ökonomie*rat *a. D.,* Leutnant a. D., Inhaber des *Eisernen Kreuzes erster Klasse.*

Als alter Soldat aus dem Jahr 1870 mußte er also, wenn er noch lebte, mindestens achtzig Jahre alt sein. Aber dieser merkwürdige, lächerliche Sparmensch zeigte als Sammler alter Kunstdrucke eine ganz ungewöhnliche Klugheit, Kenntnis und feinsten Geschmack: als ich mir so langsam seine Bestellungen aus beinahe sechzig Jahren zusammenlegte, entdeckte ich, daß sich der kleine Provinzmann ganz im stillen eine Sammlung von Kunstdrucken zusammengetragen haben mußte, die wohl neben denen der neuen Reichen mehr als gleichwertig war. Denn schon was er bei uns allein mit wenig Geld im Laufe eines halben Jahrhunderts *erworben* hatte, stellte heute einen großen Wert dar, und wahrscheinlich hatte er bei anderen Händlern nicht

der Briefumschlag   das Eiserne Kreuz erster Klasse

der Forst, der Wald
die Ökonomie, die Wirtschaft
a. D., Abkürzung für: außer Dienst
erworben, von: erwerben; kaufen

weniger gekauft. Seit 1914 hatten wir allerdings keine
Bestellung mehr von ihm bekommen. Ich war aber zu
vertraut mit allem, was im Kunsthandel geschah, als daß
ich den teilweisen oder geschlossenen Verkauf solch
einer Sammlung nicht bemerkt hätte: so mußte dieser
sonderbare Mensch wohl noch am Leben oder die
Sammlung in den Händen seiner Familie sein.

Die Sache interessierte mich, und ich fuhr am nächsten Tag, gestern abend, geradewegs in eine der unmöglichen Provinzstädte, die es in Sachsen gibt. Und als ich so vom kleinen Bahnhof durch die Hauptstraße ging, schien es mir fast unmöglich, daß da inmitten dieser alltäglichen Häuser mit ihren billigen und wertlosen, kleinbürgerlichen Dingen, in irgendeinem dieser Zimmer ein Mensch wohnen sollte, der die herrlichsten Drucke Rembrandts neben denen Dürers und Mantegnas in seltener Vollständigkeit besitzen könnte. Zu meinem Erstaunen erfuhr ich aber im Postamt auf die Frage, ob hier ein Forst- oder Ökonomierat dieses Namens wohne, daß tatsächlich der alte Herr noch lebte, und ich machte mich - nicht ohne etwas Herzklopfen - noch vor Mittag auf den Weg zu ihm.

Ich hatte keine Mühe, seine Wohnung zu finden. Sie war im zweiten Stock eines jener sparsamen Provinzhäuser. Unten wohnte ein einfacher *Schneider*, links im zweiten Stock ein Postbeamter, rechts endlich glänzte das Täfelchen mit dem Namen des Forst- und Ökonomierates. Ich läutete vorsichtig. Eine ganz alte, weißhaarige Frau mit sauberem, schwarzem *Häubchen* machte auf. Ich gab ihr meine Karte und fragte, ob ich

das Häubchen ────→

---

der Schneider, jemand, der Kleider herstellt

den Herrn Forstrat sprechen könne. Verwundert und mit einem gewissen Mißtrauen sah sie zuerst mich und dann die Karte an: in diesem weltverlorenen Städtchen, in diesem altmodischen Haus schien ein Besuch von außen her ein Ereignis zu sein. Aber sie bat mich freundlich, zu warten, nahm die Karte, ging hinein ins Zimmer. Leise hörte ich sie sprechen und dann eine laute Männerstimme: „Ah, der Herr . . . aus Berlin, von dem großen Kunsthandel . . . soll nur kommen, soll nur kommen . . . freue mich sehr!" Und schon lief das alte Mütterchen mit kleinen Schritten wieder heran und bat mich herein.

Ich legte Mantel und Hut ab und trat ein. In der Mitte des einfachen Zimmers stand ein alter, aber doch kräftiger Mann mit buschigem Schnurrbart in einer Hausjacke und hielt mir herzlich die Hand entgegen. Doch diese freudige Begrüßung stand im Gegensatz zu der merkwürdigen, *starren* Art, wie er dastand. Er kam mir nicht einen Schritt entgegen, und ich mußte – was mich ein wenig verwunderte – bis an ihn heran, um seine Hand zu fassen. Doch als ich sie fassen wollte, merkte ich, weil er die Hände so unbeweglich hielt, daß sie die meinen nicht suchten, sondern erwarteten. Und im nächsten Augenblick wußte ich alles: dieser Mann war blind.

Kaum daß meine Hand die seine berührte, *schüttelte* er sie kräftig und begrüßte mich stürmisch. „Ein seltener Besuch", lachte er mir breit entgegen, „das geschieht nicht jeden Tag, daß sich einmal einer der großen Berliner Herren in unser verlassenes Dorf

---

starr, unbeweglich
schütteln, schnell hin und her bewegen

verirrt... Aber da heißt es vorsichtig sein, wenn sich einer der Herren Händler auf die Bahn setzt... Bei uns zu Hause sagt man immer: Tore und Taschen zu, wenn die *Zigeuner* kommen... Ja, ich kann mir's schon denken, warum Sie mich besuchen...Die Geschäfte gehen jetzt schlecht in unserem armen, elenden Deutschland, es gibt keine Käufer mehr, und da erinnern sich die großen Herren wieder einmal an ihre alten Kunden und suchen ihre *Schäflein* auf... Aber bei mir, fürchte ich, werden Sie kein Glück haben, wir armen alten Menschen sind froh, wenn wir unser Stück Brot auf dem Tisch haben. Wir können nicht mehr mittun bei den verrückten Preisen, die ihr jetzt macht... wir sind ausgeschlossen für immer."

Ich verbesserte ihn sofort, er habe mich mißverstanden, ich sei nicht gekommen, ihm etwas zu verkaufen, ich sei nur gerade hier in der Nähe gewesen, um ihn als langjährigen Kunden unseres Hauses und einen der größten Sammler Deutschlands zu besuchen. Kaum hatte ich das Wort „einer der größten Sammler Deutschlands" ausgesprochen, so ging etwas im Gesicht des alten Mannes vor. Noch immer stand er gerade und starr mitten im Zimmer, aber jetzt konnte man einen Ausdruck plötzlicher Helligkeit und innersten Stolzes an ihm erkennen. Er drehte sich in die Richtung, wo seine Frau stand, als wollte er sagen: „Hörst du", und voll Freudigkeit in der Stimme sagte er zu mir:

„Das ist wirklich sehr schön von Ihnen...Aber Sie sollen auch nicht umsonst gekommen sein. Sie

---

der Zigeuner, Angehöriger eines Wandervolkes
die Schäflein, hier: vertraute Menschen

sollen etwas sehen, was Sie nicht jeden Tag zu sehen bekommen, selbst nicht in Ihrem großen Berlin . . . ein paar Stücke, wie sie nicht schöner in den berühmtesten Kunstsammlungen der Welt zu finden sind . . . Ja, wenn man sechzig Jahre sammelt, da kommen allerhand Dinge zusammen, die sonst nicht gerade auf der Straße liegen. Luise, gib mir mal den Schlüssel zum Schrank!"

Jetzt aber geschah etwas Unerwartetes. Das alte Mütterchen, das neben ihm stand und höflich, mit einer lächelnden Freundlichkeit unserem Gespräch zugehört hatte, hob nun zu mir bittend beide Hände auf, und gleichzeitig machte sie mit dem Kopfe eine heftig neinsagende Bewegung, ein Zeichen, das ich zunächst nicht verstand. Dann erst ging sie auf ihren Mann zu und legte ihm leicht beide Hände auf die Schulter: „Aber Herwart", sagte sie, „du fragst ja den Herrn gar nicht, ob er jetzt Zeit hat, die Sammlung anzusehen. Es ist doch bald Mittag. Und nach dem Essen mußt du eine Stunde ruhen. Das hat der Arzt ausdrücklich verlangt. Ist es nicht besser, du zeigst dem Herrn die Sachen nach dem Essen, und wir trinken dann zusammen Kaffee? Dann ist auch Annemarie hier, die versteht ja alles viel besser und kann dir helfen!"

Und nochmals, kaum daß sie die Worte ausgesprochen hatte, wiederholte sie über den Blinden hinweg jene bittende Bewegung. Nun verstand ich sie. Ich wußte, daß sie wünschte, ich sollte die Einladung, die Bilder sofort anzusehen, nicht annehmen, und so sagte ich schnell, daß ich jetzt leider keine Zeit habe. Ich würde mich freuen, seine Sammlung ansehen zu dürfen, aber das sei mir kaum vor drei Uhr möglich. Dann aber würde ich gern kommen.

Ärgerlich wie ein Kind, dem man sein liebstes Spielzeug genommen hatte, drehte sich der alte Mann herum. "Natürlich", sagte er, "die Herren Berliner haben nie für etwas Zeit. Aber diesmal werden Sie sich schon Zeit nehmen müssen, denn das sind nicht drei oder fünf Stücke, das sind siebenundzwanzig *Mappen,* jede für einen anderen Meister, und keine davon halb leer. Also um drei Uhr. Aber pünktlich sein, wir werden sonst nicht fertig."

die Mappe

Wieder reichte er mir die Hand entgegen. "Passen Sie auf, Sie dürfen sich freuen - oder ärgern. Und je mehr Sie sich ärgern, desto mehr freue ich mich. So sind wir Sammler ja: alles für uns selbst und nichts für die anderen!" Und nochmals schüttelte er mir kräftig die Hand.

Die alte Frau begleitete mich zur Tür. Ich hatte schon die ganze Zeit bemerkt, daß sie unruhig und ängstlich war. Nun aber, schon fast am Ausgang, stammelte sie mit mutloser Stimme: "Dürfte Sie... Dürfte Sie... meine Tochter Annemarie abholen, ehe Sie zu uns kommen? ... Es ist besser aus ... mehreren Gründen ... Sie essen doch wohl im Hotel?"

"Gewiß, ich werde mich freuen, es wird mir ein Vergnügen sein", sagte ich.

Und tatsächlich, eine Stunde später, als ich in dem kleinen Gastzimmer des Hotels am Marktplatz gerade das Mittagessen beendet hatte, trat eine Frau mittleren

37

Alters, einfach gekleidet, mit suchendem Blick ein. Ich
ging auf sie zu, nannte meinen Namen und wollte
gleich mitgehen, um mir die Sammlung anzusehen.
Aber da wurde sie plötzlich rot, und mit der gleichen
Unsicherheit, die ihre Mutter gezeigt hatte, bat sie
mich, ob sie nicht vorher noch einige Worte mit mir
sprechen könnte. Und ich sah sofort, es wurde ihr
schwer. Immer, wenn sie zu sprechen versuchte, bekam
sie einen roten Kopf, und die Hand spielte nervös
mit dem Kleid. Endlich begann sie:

„Meine Mutter hat mich zu Ihnen geschickt . . .
Sie hat mir alles erzählt, und . . . wir haben eine große
Bitte an Sie . . . Wir möchten Sie nämlich informieren,
ehe Sie zu Vater kommen . . . Vater wird Ihnen natürlich
seine Sammlung zeigen wollen, und die Sammlung . . .
die Sammlung . . . ist nicht mehr ganz vollständig . . . es
fehlen eine Reihe Stücke daraus . . . leider sogar ziemlich viele . . ."

Wieder mußte sie Atem holen, dann sah sie mich
an und sagte schnell:

„Ich muß offen zu Ihnen reden . . . Sie kennen die
Zeit, Sie werden alles verstehen . . . Vater ist nach Beginn
des Krieges vollkommen blind geworden. Schon vorher
konnte er nicht mehr so gut sehen. Die unruhigen
Zeiten haben ihn dann ganz blind werden lassen - er
wollte nämlich durchaus, trotz seinen sechsundsiebzig
Jahren, nach Frankreich mit. Und als dann die Armee
nicht gleich wie 1870 vorwärts kam, da hat er sich
fürchterlich geärgert, und da *ging* es sehr schnell
abwärts mit seiner Sehkraft. Sonst ist er ja noch vollkommen frisch. Er konnte bis vor kurzem noch stundenlang
gehen. Jetzt ist es aber aus mit seinen Spaziergängen,
und da blieb ihm als einzige Freude die Sammlung. Die
sieht er sich jeden Tag an . . . das heißt, er sieht sie ja
nicht, er sieht ja nichts mehr, aber er holt sich doch
jeden Nachmittag alle Mappen hervor, um wenigstens
die Stücke *anzutasten,* eines nach dem anderen, in der
immer gleichen Reihenfolge, die er seit Jahren kennt . . .
Nichts anderes interessiert ihn heute mehr. Und ich muß
ihm immer aus der Zeitung vorlesen von allen Kunst-
verkäufen, und er wird glücklicher, je höhere Preise

---

antasten, vorsichtig berühren
abwärtsgehen, hier: schlechter gehen

er hört . . . denn . . . das ist ja das Furchtbare, Vater versteht nichts mehr von den Preisen und von der Zeit . . . er weiß nicht, daß wir alles verloren haben und daß man von dem Geld, das er bekommt, nicht mehr zwei Tage im Monat leben kann . . . dazu kam noch, daß der Mann meiner Schwester als Soldat im Krieg gestorben ist und sie mit vier kleinen Kindern zurückblieb . . . Doch Vater weiß nichts von allen unseren Schwierigkeiten. Zuerst haben wir gespart, noch mehr gespart, aber das half nichts. Dann begannen wir zu verkaufen - natürlich nahmen wir nichts von seiner geliebten Sammlung . . . Man verkaufte die wenigen wertvollen Dinge, die man hatte. Doch, mein Gott, was war das, hatte doch Vater seit sechzig Jahren jeden Pfennig, den er übrig hatte, einzig für seine Blätter ausgegeben. Und eines Tages war nichts mehr da . . . wir wußten nicht mehr weiter...und da...da...haben Mutter und ich ein Stück verkauft. Vater hätte es nie erlaubt, er weiß ja nicht, wie schlecht es geht und wie schwer es ist, im *Schwarzhandel* das bißchen Essen zu bekommen. Er weiß auch nicht, daß wir den Krieg verloren haben und daß *Elsaß* und *Lothringen* abgetrennt sind. Wir lesen ihm aus der Zeitung all diese Dinge nicht mehr vor, damit er sich nicht beunruhigt.

Es war ein sehr kostbares Stück, das wir verkauften. Der Händler gab uns viele tausend Mark dafür. Wir hofften, damit auf Jahre hin genug zu haben. Aber Sie wissen ja, wie schnell das Geld an Wert verliert . . . Wir hatten den ganzen Rest auf die Bank gelegt, doch

---

der Schwarzhandel, verbotener Handel in schlechten Zeiten
Elsaß, Lothringen, Gebiete westlich des Oberrheins

nach zwei Monaten war alles weg. So mußten wir noch ein Stück verkaufen und noch eins. Der Händler schickte das Geld immer so spät, daß es schon nichts mehr wert war, als es ankam. Dann versuchten wir es bei anderen Händlern, aber auch da *betrog* man uns trotz den Millionenpreisen . . . Bis die Millionen zu uns kamen, waren sie immer schon wertloses Papier. So ist nach und nach das Beste seiner Sammlung bis auf ein paar gute Stücke weggewandert, nur um das nackte Leben mühsam zu erhalten, und Vater weiß nichts davon.

Deshalb bekam meine Mutter auch so einen Schreck, als Sie heute kamen . . . denn wenn er Ihnen die Mappen aufmacht, so ist alles verloren . . . wir haben nämlich in die alten *Passepartouts,* die er alle beim Anfühlen kennt, Nachdrucke oder ähnliche Blätter statt der verkauften eingelegt, so daß er nichts merkt, wenn er sie antastet. Und wenn er sie nur antasten und nachzählen kann (er hat die Reihenfolge im Kopf), so hat er genau dieselbe Freude, wie wenn er sie früher mit seinen offenen Augen sah. Sonst ist ja niemand in diesem kleinen Städtchen, den Vater je für wert gehalten hätte, ihm seine Sammlung zu zeigen... und er liebt jedes einzelne Blatt mehr als sich selbst. Ich glaube, er würde es nicht überleben, wenn er wüßte, daß alles unter seinen Händen längst wegge-

das Passepartout

betrog, von: betrügen; irreführen, belügen

wandert ist. Sie sind der erste in all den Jahren, dem er seine Mappen zeigen will. Darum bitte ich Sie . . ." Und plötzlich hob die Frau die Hände auf, und ihre Augen glänzten feucht.

„. . . bitten wir Sie . . . machen Sie ihn nicht unglücklich . . . nicht uns unglücklich . . . zerstören Sie ihm nicht diese letzte Illusion, helfen Sie uns, daß er weiterhin glaubt, daß alle diese Blätter, über die er mit Ihnen sprechen wird, noch da sind . . . Vielleicht haben wir schlecht gegen ihn gehandelt, aber wir konnten nicht anders: man mußte leben . . . und Menschleben, vier vaterlose Kinder, wie die meiner Schwester, sind doch wichtiger als bedruckte Blätter . . . Bis zum heutigen Tag haben wir ihm ja auch keine Freude genommen damit. Er ist glücklich, jeden Nachmittag drei Stunden seine Mappen befühlen zu dürfen und mit jedem Stück wie mit einem Menschen zu sprechen. Und heute . . . heute wäre vielleicht sein glücklichster Tag. Er wartet doch schon seit Jahren darauf, einmal einem Kenner seine Drucke ziegen zu dürfen. Bitte . . . ich bitte Sie mit erhobenen Händen, zerstören Sie ihm diese Freude nicht!"

Das war alles so ergreifend gesagt, wie ich es gar nicht wiedergeben kann. Mein Gott, als Händler hat man ja viele von der *Inflation* betrogene Menschen gesehen, deren wertvoller Familienbesitz für ein Butterbrot verkauft worden war - aber das war etwas Besonderes, das mich besonders ergriff. Selbstverständlich versprach ich ihr, zu schweigen und mein Bestes zu tun.

Wir gingen nun zusammen hin - auf dem Weg erfuhr ich noch, mit wie wenig Geld man diese armen, un-

---

die Inflation, die Geldentwertung

wissenden Frauen betrogen hatte. Ich entschloß mich, ihnen bis zum Letzten zu helfen. Wir gingen die Treppe hinauf, und kaum hatten wir die Türe aufgemacht, hörten wir vom Zimmer drinnen die freudig-laute Stimme des alten Mannes: „Herein! Herein!" Mit den feinen Ohren eines Blinden mußte er unsere Schritte schon von der Treppe gehört haben.

„Herwart hat heute gar nicht schlafen können, so sehr wartet er darauf, Ihnen seine Sammlung zu zeigen", sagte lächelnd das alte Mütterchen. Ein einziger Blick ihrer Tochter hatte ihr bereits gesagt, daß ich einverstanden war. Auf dem Tisch lagen wartend die Mappen, und kaum daß der Blinde meine Hand fühlte, faßte er schon ohne weiteren Gruß meinen Arm und drückte mich auf den *Sessel*.

„So, und jetzt wollen wir gleich anfangen - es ist viel zu sehen, und die Herren aus Berlin haben ja niemals Zeit. Diese erste Mappe ist Meister Dürer und, wie Sie selbst sehen werden, ziemlich vollständig - dabei ein Exemplar schöner als das andere. Na, Sie werden ja selber urteilen, da sehen Sie einmal!" - er schlug das erste Blatt der Mappe auf - „das große Pferd."

Und nun nahm er sehr vorsichtig mit den Fingerspitzen aus der Mappe ein Passepartout heraus, in dem ein leeres gelbes Papierblatt lag, und hielt den wertlosen *Wisch* glücklich vor sich hin. Er sah es an, minutenlang, ohne doch wirklich zu sehen. Aber er hielt das leere Blatt mit erhobener Hand in Augenhöhe, während sein ganzes Gesicht den Eindruck machte, als könnte er sehen. Und in seine toten Augen kam mit einemmal - war es der Schein des Papieres oder ein

---

der Sessel, siehe Zeichnung auf Seite 44
der Wisch, wertloses Stück Papier

der Sessel

Glanz von innen her? - eine spiegelnde Helligkeit, ein Licht.

„Nun", sagte er stolz, „haben Sie schon irgendwann einen schöneren Druck gesehen? Wie scharf, wie klar da jedes Ding zu sehen ist - ich habe das Bild verglichen mit dem Dresdner Exemplar, aber das wirkte schwach und glanzlos dagegen. Und dazu das *Pedigree*! Da" - und

---

das Pedigree, Liste über die Leute, die den Druck vor ihm besaßen

er wandte das Blatt um und zeigte mit dem Fingernagel genau auf der Rückseite auf einzelne Stellen des leeren Blattes, so daß ich ganz automatisch hinsah, ob die Zeichen nicht doch da waren - „da haben Sie den *Stempel* der Sammlung Nagler, hier den von Remy und Esdaile. Die hätten auch nicht gedacht, daß ihr Blatt einmal hierher in dieses kleine Zimmer käme."

Mir lief es kalt über den Rücken, als der Blinde ein vollkommen leeres Blatt so über alles *lobte,* und es war schrecklich mitanzusehen, wie er mit dem Fingernagel bis auf den Millimeter genau auf alle die nur in seiner Phantasie noch vorhandenen Sammlerzeichen zeigte.

Ich wußte nicht, was ich antworten sollte. Aber als ich zu den beiden aufschaute, sah ich die bittend erhobenen Hände der Frau. Ich faßte mich und begann meine Rolle zu spielen.

„Unglaublich!" stammelte ich endlich. „Ein ganz besonders schöner Druck." Und sofort leuchtete sein Gesicht vor Stolz. „Das ist aber noch gar nichts", triumphierte er, „da müssen Sie erst die ‚Melancholia' sehen oder die ‚Passion', ein wunderschönes Exemplar, wie es kaum ein zweites Mal vorkommt in gleicher

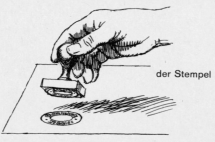

der Stempel

---

loben, preisen

der Abzug

Art. Da sehen Sie nur" - und wieder strichen seine
Finger über ein nicht vorhandenes Bild hin – „dieser
frische, dieser warme Ton. Da würde ganz Berlin
staunen mit all seinen Herren Händlern und Mu-
seumsdoktoren."

Und so ging es weiter. Zwei ganze Stunden lang.
Nein, ich kann es Ihnen nicht beschreiben, wie schlimm
das war, mit ihm diese hundert oder zweihundert leeren
Papierblätter anzusehen, die aber im Kopf des alten
Mannes so wirklich waren, daß er, ohne sich zu irren,
in fehlerloser Reihenfolge jedes bis ins kleinste Teil
lobte und beschrieb: die unsichtbare Sammlung, sie war
für diesen Blinden, für diesen betrogenen Menschen
noch unverändert da und die Leidenschaft seines
Traums so stark, daß ich beinahe auch schon daran
zu glauben begann. Nur einmal wurde er unsicher,
und ich fürchtete, daß er mein Spiel entdecken würde:
er hatte bei der ‚Antiope' von Rembrandt (einem
Abzug, der tatsächlich einen großen Wert gehabt haben
mußte) wieder den scharfen Druck gelobt, und dabei
hatten seine Finger das Papier befühlt, ohne aber die
feinen Linien auf dem leeren Blatt zu finden. Da ging
plötzlich ein Schatten über sein Gesicht hin, und die
Stimme wurde unsicher. „Das ist doch . . . das ist
doch die ‚Antiope' "? sagte er, ein wenig unruhig,
worauf ich ihm eilig das Blatt aus der Hand nahm

46

und den Druck, den auch ich gut kannte, in allen nur möglichen Teilen beschrieb. Da beruhigte sich das nervös gewordene Gesicht des Blinden wieder. Und je mehr ich lobte, desto glücklicher wurde der alte Mann. „Da ist einmal einer, der etwas versteht", rief er freudig seiner Frau und seiner Tochter zu. „Endlich einmal einer, von dem auch ihr hört, was meine Blätter da wert sind. Da habt ihr euch immer über mich geärgert, weil ich alles Geld für meine Sammlung ausgegeben habe: es ist wahr, in sechzig Jahren kein Bier, kein Wein, kein Tabak, keine Reise, kein Theater, kein Buch, nur immer gespart und gespart für diese Blätter. Aber ihr werdet noch einmal sehen, wenn ich nicht mehr da bin - dann seid ihr reich, reicher als alle in der Stadt, und so reich wie die Reichsten in Dresden. Doch solange ich lebe, kommt kein einziges Blatt aus dem Haus - erst müssen sie mich hinaustragen, dann erst meine Sammlung."

Und dabei strich seine Hand zärtlich über die leeren Mappen - es war schrecklich. Der alte Mann konnte nicht satt werden an meinem *Lob,* immer wieder wendete er die Blätter: Ich fühlte mich erst wieder wohler, als endlich die lügnerischen Mappen zur Seite gelegt wurden und er den Tisch freigeben mußte für den Kaffee. Er erzählte tausend Geschichten von seinen Käufen, stand ohne jede Hilfe immer wieder auf, um noch und noch ein Blatt herauszuholen. Als ich aber endlich sagte, ich müsse gehen, wurde er böse wie ein kleines Kind und trat kräftig mit dem Fuß auf, das ginge nicht, ich hätte kaum die Hälfte gesehen. Und die Frauen hatten es schwer, ihm verständlich

---

das Lob, die Anerkennung

zu machen, daß ich gehen müsse, sollte ich nicht zu spät zum Zug kommen.

Als wir dann auf Wiedersehen sagten, wurde seine Stimme ganz weich. Er nahm meine beiden Hände und sagte: „Sie haben mir eine große Freude gemacht mit Ihrem Besuch. Es war wirklich schön, endlich, endlich, endlich einmal wieder mit einem Kenner meine geliebten Blätter ansehen zu können. Doch Sie sollen sehen, daß Sie nicht umsonst zu mir altem, blindem Mann gekommen sind. Ich verspreche Ihnen hier vor meiner Frau als *Zeugin,* daß ich in mein *Testament* schreiben werde, daß Ihr Haus und niemand anderes nach meinem Tod meine Sammlung verkaufen soll. Sie sollen für diese unbekannten Blätter sorgen dürfen. Versprechen Sie mir nur, einen schönen Katalog zu machen: er soll mein Grabstein sein, ich brauche keinen besseren."

Ich versprach es ihm, obwohl ich wußte, daß ich es niemals halten konnte.

Die Frauen gingen mit bis zur Tür. Sie wagten nicht zu sprechen, weil die feinen Ohren des Blinden jedes Wort gehört hätten, aber sie blickten mich dankbar an! Wie im Traum tastete ich mich die Treppe hinunter. Ich fühlte mich schuldig: da war ich in das Zimmer dieser armen Leute gekommen, hatte einen Blinden sehend gemacht für eine Stunde nur dadurch, daß ich bei einem Betrug mithalf und *log,* ich, der ich in Wahrheit doch als Händler gekommen war, um jeman-

---

der Zeuge, jemand, der bei einem Geschehen dabei war und darüber berichten kann
das Testament, schriftliche Erklärung, in der jemand bestimmt, wie sein Besitz nach seinem Tod verteilt wird
log, von: lügen; nicht die Wahrheit sagen

dem ein paar wertvolle Stücke abzukaufen. Was ich aber mitnahm, war mehr: ich hatte wieder einmal reine Freude fühlen dürfen in dieser traurigen Zeit.

Schon stand ich unten auf der Straße, da ging oben ein Fenster auf, und ich hörte meinen Namen rufen: wirklich, der alte Mann hatte es sich nicht nehmen lassen, mit seinen blinden Augen mir in der Richtung nachzusehen, in der er mich glaubte. Er *schwenkte* sein Taschentuch und rief: „Reisen Sie gut!" Ich werde den Augenblick nie vergessen und mußte an das alte Wort denken - ich glaube, Goethe hat es gesagt -: ‚Sammler sind glückliche Menschen'.«

---

schwenken, hin und her bewegen

Fragen

1. Wie lange war der alte Mann Kunde bei dem
   Berliner Kunstantiquar?

2. Was sammelte der Forstrat?

3. Wie viele Mappen mit Kunstdrucken besaß er?

4. Wann wurde der Mann blind?

5. Warum durfte der Kunsthändler die Sammlung
   nicht sofort sehen?

6. Wer verkaufte die Drucke des Blinden?

7. Warum wurden sie verkauft?

8. Was tat man, damit der Sammler den Verkauf
   nicht entdeckte?

9. Warum sagte der Kunsthändler dem blinden
   Mann nicht, daß die Sammlung verkauft worden
   war?

10. Was wollte der alte Mann in sein Testament
    schreiben?

11. Was sagt Goethe über Sammler?

Die Gouvernante

Die beiden Kinder sind nun allein in ihrem Zimmer.
Das Licht ist aus. Es ist dunkel. Nur die Betten glänzen
weiß. Ganz leise atmen die beiden, man könnte glauben,
sie schliefen. „Du?" sagt da eine Stimme. Es ist die
Zwölfjährige, die leise, fast ängstlich, in das Dunkel

hineinfragt. „Was ists?" antwortet vom anderen Bett die Schwester. Ein Jahr nur ist sie älter.

„Du bist noch wach. Das ist gut. Ich . . . ich möchte dir gern etwas erzählen . . ."

Keine Antwort kommt von drüben. Nur ein Geräusch vom anderen Bett. Die Schwester hat sich aufgesetzt, erwartend blickt sie herüber, man kann ihre Augen leuchten sehen.

„Weißt du . . . ich wollte dir sagen . . . Aber sag du mir zuerst: hast du nicht bemerkt, daß unser Fräulein in den letzten Tagen anders ist als sonst?"

Die andere denkt nach. „Ja", sagt sie dann, „aber ich weiß nicht recht, wie. Sie ist nicht mehr so streng. Vor kurzem habe ich zwei Tage keine Aufgaben gemacht, und sie hat mir gar nichts gesagt. Und dann ist sie so, ich weiß nicht wie. Ich glaube, sie beschäftigt sich gar nicht mehr mit uns, sie setzt sich immer weit weg von uns und spielt nicht mit, so wie früher."

„Ich glaube, sie ist sehr traurig und will es nur nicht zeigen. Sie spielt auch nie mehr Klavier."

Das Schweigen kommt wieder.

Da erinnert sich die Ältere: „Du wolltest etwas erzählen."

„Ja, aber du darfst es niemandem sagen, der Mama nicht und nicht deiner Freundin."

„Nein, nein!" Sie kann es kaum erwarten. „Was ist also?"

„Also . . . jetzt, wie wir schlafen gegangen sind, habe ich plötzlich daran gedacht, daß ich dem Fräulein nicht ‚Gute Nacht!' gesagt habe. Die Schuhe hab ich schon ausgezogen gehabt, aber ich bin doch hinüber in ihr Zimmer gegangen, weißt du, ganz leise, um ihr unerwartet eine Freude zu bereiten. Ganz vorsichtig

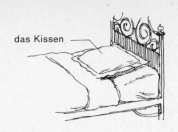

das Kissen

mach ich also die Tür auf. Zuerst hab ich geglaubt, sie ist nicht im Zimmer. Das Licht hat gebrannt, aber ich hab sie nicht gesehen. Da plötzlich – ich bin furchtbar erschrocken – hör ich jemand weinen und seh auf einmal, daß sie ganz angezogen auf dem Bett liegt, den Kopf in den *Kissen*. Geweint hat sie, daß ich erschrocken bin. Aber sie hat mich nicht bemerkt. Und da hab ich die Tür ganz leise wieder zugemacht. Einen Augenblick hab ich stehenbleiben müssen, so hab ich *gezittert*. Da kam es noch einmal ganz deutlich durch die Tür, dieses Weinen, und ich bin rasch heruntergelaufen."

Sie schweigen beide. Dann sagt die eine ganz leise: „Das arme Fräulein!" Das Wort zittert hin ins Zimmer wie ein verlorener dunkler Ton und wird wieder still.

„Ich möchte wissen, warum sie geweint hat", fängt die Jüngere an. „Sie hat doch mit niemandem Streit gehabt in den letzten Tagen, Mama läßt sie doch auch in Ruhe, und wir haben ihr doch gewiß nichts getan. Warum ist sie dann so?"

„Ich kann es mir schon denken", sagt die Ältere.

„Warum, sag mir, warum?"

Die Schwester macht eine Pause. Endlich sagt sie: „Ich glaube, sie ist verliebt."

---

zittern, durch rasche Bewegungen leicht hin und her schütteln

56

„Verliebt?" Die Jüngere *zuckt* auf. „Verliebt? In wen?"

„Hast du gar nichts bemerkt?"

„Doch nicht in Otto?"

„Nicht? Und er nicht in sie? Warum hat er denn, der jetzt schon drei Jahre bei uns wohnt und studiert, uns nie begleitet und jetzt seit den paar Monaten auf einmal jeden Tag? War er je nett zu mir oder zu dir, bevor das Fräulein zu uns kam? Den ganzen Tag ist er jetzt um uns herum gewesen. Immer haben wir ihn zufällig getroffen, zufällig, im *Volksgarten* oder *Stadtpark* oder *Prater,* wo immer wir mit dem Fräulein waren. Hast du denn das nie bemerkt?"

Ganz erschreckt stammelte die Kleine:

„Ja . . . ja, natürlich hab ichs bemerkt. Ich hab nur immer gedacht, es ist . . ."

Die Stimme schlägt ihr um. Sie spricht nicht weiter.

„Ich habe es auch zuerst geglaubt, wir Mädchen sind ja immer so dumm. Aber ich habe noch rechtzeitig bemerkt, daß er uns nur als Grund angibt, um sich mit dem Fräulein zu treffen." Jetzt schweigen beide. Das Gespräch scheint zu Ende.

Beide sind in Gedanken oder schon in Träumen. Da sagt noch einmal die Kleine ganz hilflos aus dem Dunkel:

„Aber warum weint sie dann wieder? Er hat sie doch gern. Und ich hab mir immer gedacht, es muß sehr schön sein, wenn man verliebt ist." „Ich weiß nicht", sagt die Ältere ganz träumerisch, „ich habe auch geglaubt, es muß sehr schön sein."

---

zucken, ohne es zu wollen, eine plötzliche Bewegung machen

der Volksgarten, der Stadtpark, der Prater, öffentliche Parks in Wien

Und einmal noch, leise und mitleidvoll, von schon schlafmüden Lippen kommt es herüber: „Das arme Fräulein!"

Und dann wird es wieder still im Zimmer.

Am nächsten Morgen reden sie nicht wieder davon, und doch, eine fühlt es von der anderen, daß ihre Gedanken mit demselben beschäftigt sind. Sie gehen aneinander vorbei, aber ohne es zu wollen treffen sich ihre Blicke, wenn sie beide von der Seite her die Gouvernante ansehen. Bei Tisch beobachten sie Otto, den Vetter, der seit Jahren im Haus lebt, wie einen Fremden. Sie reden nicht mit ihm, aber sie beobachten ihn genau, ob er dem Fräulein ein Zeichen gebe. Eine Unruhe ist in beiden. Nach dem Essen spielen sie nicht, sondern tun in ihrer Nervosität, hinter das *Geheimnis* zu kommen, sinnlose und *gleichgültige* Dinge. Abends fragt bloß die eine, kühl, als ob es ihr gleichgültig sei: „Hast du wieder etwas bemerkt?" - „Nein", sagt die Schwester und wendet sich ab. Beide haben irgendwie Angst vor einem Gespräch. Und so geht es ein paar Tage weiter, dieses stumme Beobachten und Herumsehen der beiden Kinder, die, unruhig und ohne es zu wissen, sich einem Geheimnis nahe fühlen.

Endlich, nach ein paar Tagen, merkt die eine, wie bei Tisch die Gouvernante Otto leise mit den Augen *zuwinkt*. Er nickt mit dem Kopf Antwort. Das Kind

---

gleichgültig, unwichtig
das Geheimnis, etwas, das man nicht kennt und nicht erklären kann
zuwinken, auf sich aufmerksam machen

zittert vor Unruhe. Unter dem Tisch tastet sie leise an die Hand der älteren Schwester. Als die sich ihr zuwendet, gibt sie ihr mit den Augen ein Zeichen. Die versteht sofort, was damit gemeint ist und wird auch unruhig.

Kaum daß sie nach dem Essen aufstehen, sagt die Gouvernante zu den Mädchen: „Geht in euer Zimmer und beschäftigt euch ein bißchen. Ich habe Kopfschmerzen und will für eine halbe Stunde ausruhen."

Die Kinder sehen zu Boden. Vorsichtig berühren sie sich mit den Händen, wie um sich *gegenseitig* aufmerksam zu machen. Und kaum ist die Gouvernante fort, so springt die Kleinere auf die Schwester zu: „Paß auf, jetzt geht Otto in ihr Zimmer."

„Natürlich! Darum hat sie uns doch weggeschickt!"

„Wir müssen vor der Tür *horchen*!"

„Aber wenn jemand kommt?"

„Wer denn?"

„Mama."

Die Kleine erschrickt. „Ja, dann..."

„Weißt du was? Ich horche an der Tür, und du bleibst draußen im *Gang* und gibst mir ein Zeichen, wenn jemand kommt. So sind wir sicher."

Die Kleine macht ein ärgerliches Gesicht.

„Aber du erzählst mir dann nichts!"

„Alles!"

„Wirklich alles... aber alles!"

„Ja, mein Wort darauf. Und du hustest, wenn du jemanden kommen hörst."

Sie warten im Gang, zitternd, nervös. Ihr Herz schlägt

---

gegenseitig, von beiden Seiten
horchen, versuchen, etwas zu hören
der Gang, siehe Zeichnung auf Seite 60

der Gang

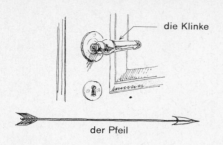

die Klinke

der Pfeil

wild. Was wird kommen? Eng drücken sie sich aneinander.

Ein Schritt. Schnell verstecken sie sich im Dunkeln. Richtig: es ist Otto. Er faßt die *Klinke,* die Tür schließt sich. Wie ein *Pfeil* schießt die Ältere nach und drückt sich an die Tür und horcht, ohne Atem zu holen. Die Jüngere sieht voller Erwartung zu. Die Neugierde verbrennt sie, es reißt sie von ihrem Platz. Leise kommt sie näher, aber die Schwester stößt sie verärgert weg. So wartet sie wieder draußen, zwei, drei Minuten, die ihr unendlich lang scheinen. Sie ist fast dem Weinen nahe vor *Ungeduld* und *Zorn,* daß die Schwester alles hört und sie nichts. Da fällt im dritten Zimmer, eine Tür zu. Sie hustet. Und beide stürzen weg, hinein in ihren Raum. Dort stehen sie einen Augenblick atemlos, mit klopfendem Herzen.

Dann drängt die Jüngere neugierig: „Also...erzähle mir."

Die Ältere macht ein nachdenkliches Gesicht. Dann sagt sie wie zu sich selbst: „Ich verstehe es nicht!"

„Was?"

„Es ist so merkwürdig."

---

die Ungeduld, der Mangel an innerer Ruhe
der Zorn, heftiger Ärger

„Was...was..." die Jüngere *keucht* die Worte nur so heraus. Nun versucht die Schwester sich zu erinnern. Die Kleine hat sich an sie gedrückt, ganz nah, damit ihr kein Wort entgehen könne.

„Es war ganz merkwürdig... so ganz anders, als ich es mir dachte. Ich glaube, als er ins Zimmer kam, hat er sie umarmen wollen oder küssen, denn sie hat zu ihm gesagt: ‚Laß das, ich habe mit dir etwas Ernstes zu besprechen.' Sehen habe ich nichts können, der Schlüssel hat von innen gesteckt, aber ganz genau gehört habe ich. ‚Was ist denn los?' hat der Otto darauf gesagt, doch habe ich ihn nie so reden hören. Du weißt doch, er spricht sonst gern so laut und ungeniert, das hat er aber so vorsichtig gesagt, daß ich gleich gemerkt habe, er hat irgendwie Angst. Und auch sie muß gemerkt haben, daß er lügt, denn sie hat nur ganz leise gesagt: ‚Du weißt es ja schon.' - ‚Nein, ich weiß gar nichts' - ‚So', hat sie da gesagt - und so traurig, so furchtbar traurig - ‚und warum ziehst du dich denn auf einmal von mir zurück? Seit acht Tagen hast du kein Wort mit mir geredet, du gehst mir aus dem Weg, wo du nur kannst, mit den Kindern gehst du nicht mehr spazieren, kommst nicht mehr in den Park. Bin ich dir auf einmal so fremd? Oh, du weißt schon, warum du dich auf einmal fernhältst.' Er hat geschwiegen und dann gesagt: ‚Ich stehe jetzt vor der Prüfung, ich habe viel zu arbeiten und für nichts anderes mehr Zeit. Es geht jetzt nicht mehr anders.' Da hat sie zu weinen angefangen und gesagt, unter Tränen, aber so mild' und gut: ‚Otto, warum lügst du denn? Sag doch die Wahrheit, das habe ich wirklich nicht verdient. Ich habe ja nichts

---

keuchen, mit Mühe und laut atmen

62

verlangt, aber geredet muß doch darüber werden zwischen uns zweien. Du weißt es ja, was ich dir zu sagen habe, an den Augen sehe ich dirs an.' - ‚Was denn?' hat er gestammelt, aber ganz, ganz schwach. Und da sagt sie..."

Das Mädchen fängt plötzlich zu zittern an und kann nicht weiterreden vor *Aufregung*. Die Jüngere drückt sich enger an sie. „Was... was denn?"

„Da sagt sie: „Ich habe doch ein Kind von dir!" Wie ein *Blitz* fährt die Kleine auf: „Ein Kind! Ein Kind! Das ist doch unmöglich!"

„Aber sie hat es gesagt."

„Du mußt schlecht gehört haben."

„Nein, nein! Und er hat es wiederholt; genau so wie du ist er aufgefahren und hat gerufen: ‚Ein Kind!' Sie hat lange geschwiegen und dann gesagt: ‚Was soll jetzt geschehen?' Und dann..."

„Und dann?"

„Dann hast du gehustet, und ich hab weglaufen müssen."

Die Jüngere starrt ganz verschreckt vor sich hin. „Ein Kind! Das ist doch unmöglich. Wo sollte sie denn das Kind haben?"

„Ich weiß nicht. Das ist es ja, was ich nicht verstehe."

„Vielleicht zu Hause, wo...bevor sie zu uns herkam. Mama hat ihr natürlich nicht erlaubt, es mitzubringen, wegen uns. Darum ist sie auch so traurig.

„Ach was, damals hat sie doch Otto noch gar nicht gekannt!"

Sie schweigen wieder, ratlos, nachdenkend. Der

---

die Aufregung, die Unruhe
der Blitz, kurz und sehr hell aufleuchtendes Licht

Gedanke *quält* sie. Und wieder fängt die Kleinere an: „Ein Kind, das ist ganz unmöglich! Wieso kann sie ein Kind haben? Sie ist doch nicht verheiratet, und nur verheiratete Leute haben Kinder, das weiß ich."

„Vielleicht war sie verheiratet."

„Aber sei nicht so dumm. Doch nicht mit Otto."

„Aber wieso…?"

Ratlos starren sie sich an.

„Das arme Fräulein", sagt die eine ganz traurig. Es kommt immer wieder, dieses Wort in einem Ton des Mitleids. Und immer wieder die Neugier dazwischen.

„Ob es ein Mädchen oder ein Junge ist?"

„Wer kann das wissen?"

„Was glaubst du, wenn ich einmal fragen würde… ganz, ganz vorsichtig…"

„Du bist verrückt!"

„Warum…sie doch so gut zu uns."

„Aber was fällt dir ein! Uns sagt man solche Sachen nicht. Uns verschweigt man alles. Wenn wir ins Zimmer kommen, hören sie immer auf zu sprechen und reden dummes Zeug mit uns, als ob wir Kinder wären, und ich bin doch schon dreizehn Jahre. Wozu willst du sie fragen, uns sagt man ja doch nur Lügen."

„Aber ich hätte es so gern gewußt."

„Glaubst du, ich nicht?"

„Weißt du… was ich eigentlich am wenigsten verstehe, ist, daß Otto nichts davon gewußt haben soll. Man weiß doch, daß man ein Kind hat, so wie man weiß, daß man Eltern hat."

„Er hat sich nur *verstellt*, der *Schuft*, wie immer."

---

quälen, Schmerzen bereiten
verstellen, sich anders geben, als man in Wirklichkeit ist
der Schuft, gemeiner Mensch

64

„Aber bei so etwas doch nicht. Nur...nur...wenn er uns hinters Licht führen will..."

Da kommt das Fräulein herein. Sie sind sofort still und scheinen zu arbeiten. Aber von der Seite sehen sie zu ihr hin. Ihre Augen sind rot, ihre Stimme ist tiefer und ernster als sonst. Die Kinder sind ganz still, mit *Scheu* sehen sie plötzlich zu ihr auf. „Sie hat ein Kind", müssen sie immer wieder denken, „darum ist sie so traurig." Und langsam werden sie es selbst.

Am nächsten Tag, bei Tisch, erwartet sie eine plötzliche Nachricht. Otto verläßt das Haus. Er hat dem Onkel erklärt, er stände jetzt kurz vor der Prüfung, müsse intensiv arbeiten, und hier sei er zu sehr gestört. Er würde sich irgendwo ein Zimmer nehmen für diese ein, zwei Monate, bis alles vorüber sei.

Die beiden Kinder sind unruhig, als sie es hören. Sie fühlen, daß dies in irgendeinem verborgenen Zusammenhang steht mit dem Gespräch von gestern, fühlen mit ihrem geschärften Instinkt eine *Feigheit,* eine Flucht. Als Otto ihnen auf Wiedersehen sagen will, sind sie grob und wenden ihm den Rücken zu. Aber sie beobachten ihn, als er jetzt vor dem Fräulein steht. Sie bewegt die Lippen, aber sie reicht ihm ruhig, ohne ein Wort, die Hand.

Ganz anders sind die Kinder geworden in diesen paar Tagen. Sie haben ihre Spiele verloren und ihr Lachen, die Augen sind ohne munteren Schein. Eine Unruhe und Ungewißheit ist in ihnen, ein wildes

---

die Scheu, die Furcht
die Feigheit, das Fehlen von Mut

Mißtrauen gegen alle Menschen um sie herum. Sie glauben nicht mehr, was man ihnen sagt, sehen Lüge und Absicht hinter jedem Wort. Sie blicken und *spähen*

---

spähen, vorsichtig, aber scharf schauen

den ganzen Tag, jede Bewegung beobachten sie, alles fangen sie auf. Wie Schatten sind sie hinter allem her, vor den Türen horchen sie, um etwas herauszubekommen. Sie wollen das dunkle Netz dieser Geheimnisse *abschütteln* von ihren Schultern, um einen Blick zu tun in die Welt der Wirklichkeit. Der kindliche Glaube, diese heitere sorglose Blindheit, ist von ihnen abgefallen. Seit sie wissen, daß Lüge um sie ist, haben sie sich verändert. Ihr ganzes Wesen ist aufgelöst in eine nervöse Unruhe. *Anscheinend* ohne Ursache ist ihr Leben mit einemmal eine Krise geworden.

Ganz still, ohne Wort haben sie sich verpflichtet, dem Fräulein, das so traurig ist, möglichst viel Freude zu machen. Sie machen ihre Aufgaben fleißig und ordentlich, helfen einander, sie sind still, springen jedem Wunsch voraus. Aber das Fräulein merkt es gar nicht, und das tut ihnen so weh. Ganz anders ist sie geworden in der letzten Zeit. Manchmal, wenn eines der Mädchen sie anspricht, zuckt sie zusammen wie aus dem Schlaf geschreckt. Und ihr Blick kommt dann immer erst suchend aus einer weiten *Ferne* zurück. Stundenlang sitzt sie oft da und sieht träumerisch vor sich hin. Dann gehen die Mädchen sehr leise umher, um sie nicht zu stören, sie fühlen dunkel und geheimnisvoll: jetzt denkt sie an ihr Kind, das irgendwo in der Ferne ist. Und immer mehr, aus den Tiefen ihrer nun *erwachenden Weiblichkeit,* lieben sie das Fräulein.

---

abschütteln, gewaltsam entfernen
anscheinend, offenbar
die Ferne, der Abstand
erwachen, wach werden
die Weiblichkeit, das Wesen der Frau

Und einmal, als sich das Fräulein zum Fenster hin abgewendet hat und mit dem Taschentuch über die Augen fährt, faßt die Kleine plötzlich Mut, ergreift leise ihre Hand und sagt: „Fräulein, Sie sind so traurig in der letzten Zeit. Nicht wahr, wir sind doch nicht schuld daran?"

Das Fräulein schaut sie an und fährt ihr mit der Hand über das weiche Haar. „Nein, Kinder, nein", sagt sie. „Ihr gewiß nicht." Und küßt sie zart auf die Stirn.

Beobachtend, auf alles achtend, was sich um sie herum tut, hat eine in diesen Tagen, als sie plötzlich ins Zimmer trat, ein Wort aufgefangen. Gerade ein Satz war es nur, denn die Eltern haben sofort aufgehört zu sprechen, aber jedes Wort gibt ihnen jetzt Ursache zu tausend *Vermutungen.* „Ich habe auch schon etwas bemerkt", hat die Mutter gesagt. „Ich werde einmal ernsthaft mit ihr reden."

Das Kind hat zuerst gedacht, es sei selbst damit gemeint und ist, fast ängstlich, zur Schwester gelaufen, um Rat, um Hilfe. Aber mittags merken sie, wie die Blicke ihrer Eltern prüfend auf dem verträumten Gesicht des Fräuleins ruhen.

Nach Tisch sagt die Mutter zum Fräulein: „Bitte, kommen Sie dann in mein Zimmer. Ich habe mit Ihnen zu sprechen." Das Fräulein senkt leise den Kopf. Die Mädchen zittern heftig, sie fühlen, jetzt wird etwas geschehen.

---

die Vermutung, die Annahme

Und sofort, als das Fräulein hineingeht, stürzen sie nach. Dieses An-den-Türen-Horchen ist für sie ganz selbstverständlich geworden. Sie sehen nicht mehr das Häßliche darin, sie haben nur einen Gedanken, hinter alle Geheimnisse zu kommen, mit denen man ihnen den Blick verhängt.

Sie horchen. Aber nur leise hören sie die Stimmen. Ihr Körper zittert nervös. Sie haben Angst, sie könnten nicht alles verstehen. Da wird drinnen eine Stimme lauter. Es ist die ihrer Mutter. Böse klingt sie.

„Haben Sie geglaubt, daß alle Leute blind sind, daß man so etwas nicht bemerkt? Ich kann mir kaum denken, daß Sie Ihre Arbeit tun konnten mit solchen Gedanken und solcher Moral. Und so jemandem habe ich die Erziehung meiner Kinder anvertraut, meiner Töchter..."

Das Fräulein scheint etwas zu sagen. Aber sie spricht zu leise, als daß die Kinder sie verstehen könnten.

„Ausreden, Ausreden! Jede leichtfertige Person hat ihre Ausrede. Das gibt sich dem ersten besten hin und denkt an nichts. Der liebe Gott wird schon weiter-helfen. Und so jemand will Erzieherin sein, Mädchen unterrichten. Unglaublich ist das. Sie meinen doch nicht, daß ich Sie in diesem Zustand noch länger im Hause behalten werde?"

Die Kinder horchen draußen. Es läuft ihnen eis-kalt über den Rücken. Sie verstehen das alles nicht, aber es ist ihnen furchtbar, die Stimme ihrer Mutter so wütend zu hören, und jetzt als einzige Antwort das

---

die Ausrede, falscher Grund, der als Entschuldigung angegeben wird
leichtfertig, unüberlegt handelnd

leise Weinen des Fräuleins. Aber die Mutter scheint nur noch böser zu werden.

„Das ist das einzige, was Sie wissen, jetzt zu weinen. Das ändert meinen Entschluß nicht. Mit solchen Personen habe ich kein Mitleid. Was aus Ihnen jetzt wird, geht mich nichts an. Sie werden ja wissen, an wen Sie sich zu wenden haben, ich frage Sie gar nicht danach. Ich weiß nur, daß ich jemanden, der seine Pflicht nicht kennt, nicht einen Tag länger in meinem Hause haben kann."

Nur Weinen antwortet. Nie haben die Kinder so weinen hören. Und dunkel fühlen sie, wer so weint, kann nicht unrecht haben. Ihre Mutter schweigt jetzt und wartet. Dann sagt sie plötzlich: „So, das habe ich Ihnen noch sagen wollen. Packen Sie heute Ihre Sachen und kommen Sie morgen früh und holen Sie Ihren Lohn. Auf Wiedersehen!"

Die Kinder springen weg von der Tür und retten sich hinein in ihr Zimmer. Was war das? Wie vom Blitz getroffen stehen sie da. Zum erstenmal *ahnen* sie die Wirklichkeit. Und zum erstenmal wagen sie etwas gegen ihre Eltern zu *empfinden*.

„Das war gemein von Mama, so mit ihr zu reden", sagt die Ältere mit verbissenen Lippen.

„Aber wir wissen doch nicht, was sie getan hat", stammelt die Kleine.

„Sicher nichts Schlechtes. Das Fräulein kann nichts Schlechtes getan haben. Mama kennt sie nicht."

„Und dann, wie sie geweint hat. Angst hat es mir gemacht."

---

ahnen, undeutlich wissen
empfinden, fühlen

„Ja, das war furchtbar. Aber wie auch Mama mit ihr geschrien hat. Das war gemein, ich sage dir, das war gemein."

Sie tritt heftig mit dem Fuß auf. Tränen laufen ihr übers Gesicht. Da kommt das Fräulein herein. Sie sieht sehr müde aus.

„Kinder, ich habe heute nachmittag zu tun. Nicht wahr, ihr bleibt allein, ich kann mich auf euch verlassen? Ich sehe dann abends nach euch."

Sie geht, ohne die Unruhe der Kinder zu merken.

„Hast du gesehen, ihre Augen waren ganz verweint. Ich verstehe nicht, daß Mama sie so behandeln konnte."

„Das arme Fräulein!"

Es klingt mitleidig und traurig. Verstört stehen sie da. Da kommt ihre Mutter herein und fragt, ob sie mit ihr spazierenfahren wollen. Die Kinder antworten nicht. Sie haben Angst vor Mama. Und dann ärgert es sie, daß man ihnen nichts sagt über den Abschied des Fräuleins. Sie bleiben lieber allein, erdrückt von der Atmosphäre der Lüge und des Verschweigens. Sie denken darüber nach, ob sie nicht hinein zum Fräulein sollen und sie fragen und überreden, daß sie bleiben solle und daß Mama unrecht hat. Aber sie haben Angst, ihr weh zu tun. Und dann: alles, was sie wissen, haben sie ja erhorcht. Sie müssen sich dumm stellen, dumm, wie sie es waren bis vor zwei, drei Wochen. So bleiben sie allein, einen endlosen langen Nachmittag, nachdenkend und weinend und immer diese schreckhaften Stimmen im Ohr, den bösen, herzlosen Zorn ihrer Mutter und das Weinen des Fräuleins.

Abends sieht das Fräulein schnell zu ihnen herein und sagt ihnen Gute Nacht. Die Kinder zittern, als sie sie hinausgehen sehen, sie möchten ihr gerne noch etwas sagen. Aber jetzt, als das Fräulein schon bei der Tür ist, wendet sie sich plötzlich noch einmal um. Etwas glänzt feucht in ihren Augen. Sie umarmt beide Kinder, küßt sie und geht dann schnell hinaus.

Starr stehen die Kinder da. Sie fühlen, das war ein Abschied.

„Wir werden sie nicht mehr sehen!" sagt die eine. „Paß auf, wenn wir morgen von der Schule zurückkommen, ist sie nicht mehr da."

„Vielleicht können wir sie später besuchen. Dann zeigt sie uns auch ihr Kind."

„Ja, sie ist so gut."

„Das arme Fräulein!"

„Kannst du dir denken, wie das jetzt werden wird ohne sie?"

„Ich werde nie ein anderes Fräulein leiden können."

„Ich auch nicht."

„Keine wird so gut mit uns sein. Und dann…" Sie wagt es nicht zu sagen. Aber ein unbestimmtes Gefühl läßt sie große Achtung vor ihr haben, seit sie wissen, daß sie ein Kind hat. Beide denken immer daran, und jetzt schon nicht mehr mit dieser kindischen Neugier, sondern im Tiefsten ergriffen und mitleidig.

„Du", sagt die eine, „hör zu!"

„Ja."

„Weißt du, ich möchte dem Fräulein noch gerne eine Freude machen, ehe sie weggeht. Damit sie weiß, daß wir sie gern haben und nicht so sind wie Mama. Willst du?"

die Nelke

„Wie kannst du noch fragen!"

„Ich habe mir gedacht, sie hatte doch weiße *Nelken* so gern, und da denk ich, weißt du, wir könnten ihr morgen früh, ehe wir in die Schule gehen, ein paar kaufen, und die stellen wir ihr dann ins Zimmer."

„Wann aber?"

„Zu Mittag."

„Dann ist sie sicher schon fort. Weißt du, da lauf ich lieber ganz früh hinunter und hole sie rasch, ohne daß es jemand merkt. Und die bringen wir ihr dann ins Zimmer."

„Ja, und wir stehen ganz früh auf."

Sie nehmen ihre *Sparbüchsen* und legen ihr ganzes Geld zusammen. Nun sind sie wieder froh, seit sie wissen, daß sie dem Fräulein ihre *stumme* Liebe noch zeigen können.

die Sparbüchse

Ganz früh stehen sie dann auf. Als sie, die schönen vollen Nelken in der leicht zitternden Hand, an die Tür des Fräuleins klopfen, antwortet ihnen niemand. Sie glauben, daß das Fräulein schläft und gehen vorsichtig hinein. Aber das Zimmer ist leer, das Bett unberührt. Alles liegt in Unordnung herum, auf dem dunklen Tisch liegen ein paar Briefe.

---

stumm, wortlos

Die beiden Kinder erschrecken. Was ist geschehen? „Ich gehe hinein zu Mama", sagt die Ältere. Und mit finsteren Augen, ganz ohne Angst stellt sie sich vor ihre Mutter und fragt: „Wo ist unser Fräulein?"

„Sie wird in ihrem Zimmer sein", sagt die Mutter ganz verwundert.

„Ihr Zimmer ist leer, das Bett ist unberührt. Sie muß schon gestern abend weggegangen sein. Warum hat man uns nichts davon gesagt?"

Die Mutter merkt gar nicht den bösen Ton. Sie geht hinein zum Vater, der dann rasch im Zimmer des Fräuleins verschwindet.

Er bleibt lange weg. Das Kind beobachtet die Mutter, die sehr unruhig geworden ist, mit zornigen Blicken.

Der Vater kommt zurück. Er ist ganz weiß im Gesicht und trägt einen Brief in der Hand. Er geht mit der Mutter hinein ins Zimmer und spricht drinnen mit ihr leise. Die Kinder stehen draußen und wagen auf einmal nicht mehr zu horchen. Sie haben Angst vor dem Zorn des Vaters, der jetzt aussah, wie sie ihn nie gekannt hatten. Ihre Mutter, die jetzt aus dem Zimmer tritt, hat verweinte Augen, ihr Blick ist unsicher. Die Kinder kommen ihr entgegen und wollen sie wieder fragen. Aber sie sagt hart: „Geht jetzt in die Schule, es ist schon spät."

Und die Kinder müssen gehen. Wie im Traum sitzen sie dort vier, fünf Stunden unter all den anderen und hören kein Wort. Wild stürmen sie nach Hause zurück.

Dort ist alles wie immer, nur ein furchtbarer Gedanke scheint die Menschen zu quälen. Keiner spricht, aber alle haben so merkwürdige Blicke. Die Mutter kommt den Kindern entgegen. Sie scheint sich vorbereitet zu haben, ihnen etwas zu sagen. Sie beginnt: „Kinder, euer Fräulein kommt nicht mehr, sie ist..." Aber sie wagt nicht zu Ende zu sprechen. So gefährlich schauen die beiden Kinder ihr in die Augen, daß sie nicht wagt, ihnen eine Lüge zu sagen. Sie wendet sich um und geht weiter, flieht in ihr Zimmer hinein.

Nachmittags kommt plötzlich Otto. Man hat ihn hergerufen, ein Brief für ihn war da. Unsicher steht er herum. Niemand redet mit ihm. Alle gehen ihm aus dem Weg. Da sieht er die beiden Kinder in der Ecke und will sie begrüßen.

„Faß mich nicht an!" sagt die eine, zitternd vor *Ekel*. Und die andere wendet ihm den Rücken zu. Er irrt noch einige Zeit herum. Dann verschwindet er.

Keiner spricht mit den Kindern. Sie selbst reden nicht miteinander. Unruhig wandern sie in den Zimmern herum und sagen kein Wort. Sie wissen jetzt alles. Sie wissen, daß man sie belogen hat, daß alle Menschen schlecht und gemein sein können. Sie lieben ihre Eltern nicht mehr, sie glauben nicht mehr an sie. Zu keinem, wissen sie, werden sie Vertrauen haben dürfen. Noch können sie das Furchtbare, das um sie geschehen ist, nicht fassen. Das Schweigen macht sie allen fremd und gefährlich. Niemand kommt ihnen nahe. Der Zugang zu ihrem Inneren ist verschlossen, vielleicht auf Jahre hinaus. Seit gestern sind sie keine Kinder mehr.

An diesem Nachmittag werden sie um viele Jahre älter. Und erst, als sie dann abends im Dunkel ihres Zimmers allein sind, erwacht in ihnen die Angst, eine ahnungsvolle Angst vor unbestimmten Dingen. Noch immer wagen sie nicht miteinander zu sprechen, aber

der Ekel, der Widerwille

sie beginnen zu weinen. Es ist nicht mehr das Fräulein, um das sie weinen, nicht die Eltern, die nun für sie verloren sind, sondern sie haben plötzlich Angst vor alledem, was nun kommen wird aus dieser unbekannten Welt, in die sie heute den ersten erschreckten Blick getan haben. Angst haben sie vor dem Leben, das dunkel vor ihnen steht. Nach und nach wird ihr Angstgefühl undeutlicher, traumhaft fast, immer leiser ihr Weinen. Und so schlafen sie endlich ein.

Fragen

1. Wie alt sind die beiden Mädchen?

2. Wie heißt ihr Vetter?

3. Welche Arbeit hat der Vetter?

4. Worüber sprechen Otto und das Fräulein in Zimmer der Gouvernante?

5. Warum verläßt Otto das Haus seines Onkels?

6. Was sagt die Mutter in ihrem Zimmer zur Gouvernante?

7. In welchem Ton spricht die Mutter zu ihr?

8. Wann sollte das Fräulein ihren Lohn bekommen?

9. Wo ist das Fräulein am nächsten Morgen?

10. Was wollen die Mädchen dem Fräulein schenken?

11. Woher haben sie das Geld dazu?

12. Wovor haben die Mädchen Angst, als sie abends allein sind?